DÉLÉGATION DE LA RÉPUBLIQUE ARMÉNIENNE

A LA CONFÉRENCE DE LA PAIX

DONNÉES STATISTIQUES

des

Populations de la Transcaucasie

*Réponse au Mémorandum de la
Délégation de la République
de l'Azerbaïdjan.*

PARIS, Janvier 1920

DÉLÉGATION DE LA RÉPUBLIQUE ARMÉNIENNE

A LA CONFÉRENCE DE LA PAIX

DONNÉES STATISTIQUES

des

Populations de la Transcaucasie

*Réponse au Mémorandum de la
Délégation de la République
de l'Azerbaïdjan.*

PARIS, Janvier 1920

DONNÉES STATISTIQUES

des

Populations de la Transcaucasie

*Réponse au Mémorandum de la
Délégation de la République
de l'Azerbaïdjan.*

L'exposé présenté à la Conférence de la Paix par la Délégation de la République de l'Azerbaïdjan sous le titre « Composition Anthropologique et Ethnique de la Population de l'Azerbaïdjan du Caucase », donne la statistique des différentes nationalités habitant la Transcaucasie et fonde sur cette statistique les revendications du Gouvernement de l'Azerbaïdjan.

La République de l'Azerbaïdjan est représentée, dans cet exposé, comme occupant la plus grande partie de la Transcaucasie, tandis que la République Arménienne n'est indiquée que comme couvrant une surface de 10.200 kilom. carrés, sur un total de 228.000 kilomètres carrés pour la Transcaucasie entière.

Cet exposé contient des inexactitudes de chiffres : le nombre des Musulmans est démesurément augmenté, tandis que celui des Arméniens et des Chrétiens est fortement diminué.

La distribution ethnographique réelle des trois principales populations de la Transcaucasie qui ont proclamé leur indépendance, l'Arménie, la Géorgie et l'Azerbaïdjan, et le nombre exact de ces populations, doivent servir de base à la délimitation des frontières entre les trois Républiques.

Pour cette raison, l'exactitude absolue des données statistiques est d'une importance vitale : la Délégation de la République Arménienne à la Conférence de la Paix juge donc indispensable, après examen de l'exposé présenté par la Délégation de la République de l'Azerbaïdjan, d'apporter les rectifications suivantes.

Il est mentionné dans la préface de l'exposé azerbadjanien que le recensement pan-russe de 1897 a servi à l'établissement des données statistiques, et qu'en outre, il a été tenu compte de l'augmentation normale des populations jusqu'au 1er Janvier 1917.

Il est utile de rappeler ici que les autorités russes ont fait paraître annuellement, et cela pendant 72 ans, « l'Annuaire du Caucase ».

Dans cet Annuaire, une place importante était réservée aux statistiques, et des tableaux séparés, très détaillés, donnaient les chiffres exacts des diverses populations de la Transcaucasie. Ces chiffres de l'Annuaire du Caucase avaient pour bases les résultats du recensement pan-russe de l'année 1897, et il était tenu compte de l'augmentation normale de la population, ainsi que des renseignements précis régulièrement fournis par les autorités russes.

« L'Annuaire du Caucase » a toujours été considéré comme une publication officielle dans laquelle on pouvait puiser les données les plus exactes sur les mouvements des populations du Caucase.

Nous devons signaler que dans cet annuaire, les différentes populations sont classifiées de façon différente à celle empruntée par la Délégation de l'Azerbaïdjan dans sa brochure.

Plusieurs nationalités sont réunies, pour une raison ou pour une autre, dans un seul paragraphe, et leur nombre total y est indiqué par un seul chiffre. Par exemple, les Tartares de l'Azerbaïdjan, les Turcs, les Turcomans, les Karapapakhs, les Persans, les Tates, les Talichins ne sont pas indiqués séparément, mais toutes ces nationalités sont groupées sous la dénomination de « Différentes populations Asiatiques » dans le tableau intitulé « Superficie et Populations du Caucause » (*).

D'après les chiffres fournis par l'Annuaire du Caucase, on peut se rendre compte exactement du nombre des Musulmans, Arméniens, Géorgiens et autres habitants de la Transcaucasie, et il est intéressant de comparer ces chiffres avec ceux portés dans le « Tableau comparatif du nombre des habitants par nationalités », tableau joint à la brochure qui fait l'objet de la présente critique.

Nous nous faisons donc un devoir d'établir cette comparaison, conservant pour plus de clarté et d'évidence les diverses subdivisions qui ont été adoptées par la Délégation de l'Azerbaïdjan dans son exposé.

* Notre annexe n° 1 montre la corrélation qui existe entre les diverses nationalités, suivant « L'Annuaire du Caucase » et ces mêmes nationalités, telles qu'elles sont portées dans la brochure de la Délégation de l'Azerbaïdjan.

(A). Les Indigènes Caucasiens.

I. — *Populations parlant le dialecte turco-tartare.*

D'après les données de la Délégation de l'Azerbaïdjan.
il y a en Transcaucasie   2.909.132 turco-tartares

Il y a en outre :

      Les Persans 19.723

      Les Tates 154.587

      Les Talichins. 57.539

qui sont portés dans ladite brochure comme faisant partie des « Peuples parlant la langue Aryenne ».

En ajoutant ces trois chiffres au nombre des Turco-Tartares, on obtient

un total de. 3.140.981

Turco-Tartares, Persans, Tates et Talichins, habitant la Transcaucasie.

Or, l'Annuaire du Caucase de l'année 1917 donne le chiffre de ces mêmes nationalités habitant la Transcaucasie comme étant de 2.411.909 (voir Annexe N° 2).

Nous relevons donc dans la brochure de la Délégation de l'Azerbaïdjan une inexactitude de 729.072 Turco-Tartares, Persans, Tates et Talichins, portés en plus comme habitant la Transcaucasie.

II. — *Les Arméniens.*

D'après les données de la Délégation de l'Azerbaïdjan, les Arméniens habitant la Transcaucasie sont au nombre de 1.465.504.

Or, suivant les chiffres fournis par « l'Annuaire du Caucase » de l'année 1917 (voir Annexe N° 4), le nombre des Arméniens est de 1.809.605.

Nous remarquons donc ici encore que le nombre des Arméniens a été diminué dans la brochure de 344.101

*⁂

Parlant toujours des Arméniens, la Délégation, dans sa brochure, ajoute qu'il est difficile de déterminer d'une façon précise les limites des territoires habités par des masses compactes d'Arméniens, dans les frontières de l'Azerbaïdjan.

La Délégation de la République Arménienne croit tout d'abord nécessaire de faire remarquer que cette question de frontières n'est pas définitivement réglée. Si l'on prend en considération les revendications de la République de l'Azerbaïdjan, on s'aperçoit que des régions purement arméniennes, telles que celles du Karabagh Arménien, une partie du Zanguezour, et du district de Kazakh, les districts de Daralagueuse, de Novo-Bayazet, d'Etchmiadzine, d'Erivan et d'Alexandropol où les Arméniens sont en masses compactes, font partie de ces revendications, tandis que sur ces mêmes territoires, les populations musulmanes ne sont que clairsemées et ne constituent que des groupements sans importance, comparables à de petits oasis.

Il est dit plus loin que les Arméniens ne se trouvent en majorité que dans 5 arrondissements, sur les 47 dont est composée la Transcaucasie.

Cela aussi est inexact, car, en puisant nos renseignements toujours dans « l'Annuaire du Caucase » année 1917, nous constatons que les Arméniens sont en majorité dans dix arrondissements, à savoir :

(A). Majorité absolue

	ARMÉNIENS	MUSULMANS	DIVERS	TOTAL
1. L'arrondissement de Choucha Gouvernement d'Elisavetpol	98.809	85.671	4.265	188.745
2. L'arrondissement d'Akhalkalak (Gouvernement de Tiflis	82.775	9.212	15.186	107.173
3. L'arrondissement d'Alexandropol (Gouvernement d'Erivan).	202.505	9.251	14.424	206.080
4. L'arrondissement de Novo-Bayazet (Gouvernement d'Erivan).	129.347	53.677	5.835	188.859
5. L'arrondissement d'Erivan (Gouvernement d'Erivan)	106.933	93.554	5.200	205.617
6. L'arrondissement d'Etchmiadzine (Gouvernement d'Erivan	115.026	50.963	1.797	167.786

(B). **Majorité relative**

	ARMÉNIENS	MUSULMANS	GÉORGIENS	DIVERS	TOTAL
7. L'arrondissement de Bort-chalou (Gouvernement de Tiflis)	63.702	51.316	10.419	43.914	169.351
8. L'arrondissement de Ti-flis (Gouvernement de Tiflis)	155 613	63.839	134.053	165.580	519.085
9. L'arrondissement de Kars (Province de Kars)	80.752	62.570	–	48.648	191 970
10. L'arrondissement de Kaghizman (Province de Kars)	35.881	26.459	…	22 028	84.368

C'est donc bien dans dix arrondissements que nous trouvons les Arméniens en majorité.

Si, tout comme le fait la Délégation de l'Azerbaïdjan qui réunit dans un seul groupe des nationalités différentes parlant des langues différentes, en prenant comme simple prétexte qu'elles sont toutes de religion musulmane, nous réunissons aussi en un seul groupe l'élément chrétien, nous trouvons, par exemple, dans le district de Kazakah revendiqué par la République de l'Azerbaïdjan, que les Arméniens et les Russes y sont en majorité.

Voici en effet les chiffres officiels pour cet arrondissement de Kazakh :

Chrétiens . . . . 68.833 (dont 61.597 Arméniens).

Musulmans 68.216

Tout en ayant ainsi démontré l'absolue inexactitude des faits relatés et démontré aussi que les Arméniens se trouvent en majorité, non pas dans cinq arrondissements mais dans dix, nous tenons à mentionner que lorsque la Russie a divisé administrativement le Caucase et a déterminé les limites des divers arrondissements et districts, aucun compte n'a été tenu des conditions ethnographiques ou géographiques des différentes provinces.

Des considérations de politique intérieure influèrent sur ce partage, car, autant que les circonstances le permettaient, on s'appliqua à éviter le groupement d'éléments nationaux homogènes.

Quoiqu'il en soit, on ne saurait prétendre que ces limites administratives doivent demeurer intactes et ne peuvent être modifiées.

Pendant le siècle que dura l'administration du Caucase par le Gouvernement russe, ces limites subirent diverses modifications aussi bien locales que générales. Il ne nous est pas possible d'entrer ici dans les détails de toutes ces modifications, car nous nous éloignerions du but que nous poursuivons et qui consiste simplement à démontrer l'inexactitude flagrante des chiffres qui sont mis en avant dans la brochure intitulée « Composition Anthropologique et Ethnique de la population de l'Azerbaïdjan du Caucase ».

Nous nous bornerons à mentionner que, au courant du siècle dernier, des modifications importantes eurent lieu à dix époques différentes, d'abord au moment où le Royaume Géorgien fut dissous, puis en 1828-29, 1840, 1846, 1849-50, 1859, 1868, 1883, 1896 et enfin en 1903.

En plus des changements qui furent apportés à ces différentes époques aux frontières des divers gouvernements, les limites des districts eux-mêmes furent à maintes reprises déplacées.

Les faits prouvent donc que rien ne s'oppose, aujourd'hui que les trois Républiques Transcaucasiennes sont en train de se constituer, à ce que des modifications soient dès maintenant apportées, et s'il doit en être ainsi, si les limites administratives du Caucase doivent être rétablies en tenant compte des conditions ethnographiques et géographiques, il nous sera aisé de démontrer que les Arméniens se trouvent en majorité dans un bien plus grand nombre d'unités administratives.

III. — *Populations parlant les langues Aryennes. — Les Kurdes.*

La Délégation de l'Azerbaïdjan indique le nombre de Kurdes habitant en Transcaucasie comme étant de 162.511, et porte ce chiffre entièrement dans la colonne « Musulmans » du « Tableau comparatif du nombre des habitants par nationalité », joint à sa brochure.

Or, l'Annuaire du Caucase de 1917 indique que dans la Transcaucasie vivent 102.226 Kurdes mahométans (voir Annexe N° 2) et 56.977 Kurdes Yesides (Voir Annexe N° 3).

Comparant ces chiffres avec ceux de la brochure, nous remarquons que le nombre des Kurdes **Mahométans a été augmenté de 60.285.**

Dans l'Annexe N° 1, les Kurdes Mahométans sont portés dans la Colonne des « Musulmans » et les Kurdes Yesides dans celle des « Divers ».

IV. — *Les Tziganes (Bohémiens).*

Dans sa brochure, la Délégation de l'Azerbaïdjan omet complètement de faire mention des Tziganes qui habitent la Transcaucasie. L'Annuaire du Caucase de 1917 en donne cependant le nombre comme étant de 40.547 (voir Annexe N° 3).

Il est évident que si l'on ne tient pas compte de l'existence en Transcaucasie de toute une population non musulmane (quelle que soit son importance),
le pourcentage des Musulmans, comparativement à celui des non Musulmans,
se trouvera, en fin de compte, rehaussé.

Dans l'Annexe N° 4, les Tziganes sont portés dans la colonne « Divers ».

V. — *Les Juifs*.

La Délégation de la République de l'Azerbaïdjan donne le nombre de
Juifs habitant la Transcaucasie comme étant de 40.040, tandis que « l'Annuaire du Caucase » de 1917 mentionne qu'ils sont au nombre de 86.515
(voir Annexe N° 3).

Dans la brochure, **le nombre des Juifs se trouve donc être diminué
de 46.475.**

VI. — *Les Aïssores (Assyro-Chaldéens)*.

« L'Annuaire du Caucase » ne fournit pas d'indications spéciales pour les
Aïssores. Ces derniers sont compris dans la statistique de l'Annuaire avec les
Grecs et autres dans le chiffre porté au tableau « Superficie et Population du Cau-
case », à la colonne « Diverses nationalités asiatiques chrétiennes ».

D'après la brochure de la Délégation de l'Azerbaïdjan il y a en Transcaucasie 106.180 Aïssores et Grecs (6.860 + 99.320).

« L'Annuaire du Caucase » de 1917 donne ce chiffre comme étant
de 208.188 pour les diverses nationalités asiatiques chrétiennes (voir Annexe N° 3).

Dans l'Annexe N° 4, les Aïssores, les Grecs et autres sont portés dans la
colonne « Divers ».

(B). Les Aborigènes du Caucase.

I. — *Partie Méridionale du Caucase (Kartaline ou Kartli)*.

D'après la brochure de la Délégation de l'Azerbaïdjan, il y a en Transcaucasie 1.684.670 Géorgiens, et 97.373 Géorgiens Musulmans.

« L'Annuaire du Caucase » de 1917 donne ces chiffres comme étant
de 1.651.378 Géorgiens (voir Annexe N° 1)
et 139.160 Géorgiens Musulmans (voir Annexe N° 2).

Si l'on compare ces chiffres, on constate que le **nombre des Géorgiens a
été exagéré de 33.292, celui des Géorgiens de religion musulmane, diminué
de 39.687.**

II. — *Les Aborigènes de la partie Septentrionale du Caucase.*

Étant donné leur nombre restreint en Transcaucasie, la brochure de la Délégation de l'Azerbaïdjan n'en fait pas mention.

III. — *La Partie Est ou Tchetcheno-Daghestanienne.*

« L'Annuaire du Caucase » ne donne pas de statistiques spéciales pour les populations de ces diverses nationalités énumérées dans la brochure de la Délégation dans ce paragraphe, aux lettres A, B, C, D, E, F, G, H, I, K, L, M et N, pas plus d'ailleurs qu'il n'en donne pour les Circassiens, Tchétchènes, Cabardiniens, Ingouches, Kistines et Ossètes.

Toutes les populations de ces diverses nationalités sont comprises dans la colonne « Montagnards du Caucase » du tableau intitulé « Superficie et Population du Caucase », dans l'Annuaire de 1917.

D'après le « Tableau comparatif du nombre des habitants par nationalités » qui figure dans la brochure, le chiffre total des populations de ces divers groupes en Transcaucasie serait de. . . . . . . 804.309 Musulmans
et. . . . . 81.970 Chrétiens Ossètes.

« L'Annuaire du Caucase » indique qu'il y a dans toute la Transcaucasie 666.773 Montagnards du Caucase du Nord Musulmans (voir Annexe N° 2) et 46.982 . . . . — de religions diverses (v. Ann. N° 3).

Si nous comparons donc les chiffres de la brochure de la Délégation de l'Azerbaïdjan avec ceux de « l'Annuaire du Caucase » de 1917, **nous remarquons que le nombre des Montagnards du Caucase du Nord de religion musulmane a été augmenté de 137.536, tandis que celui des Montagnards d'autres religions a été diminué de 34.988.**

(C). Européens habitant le Caucase et l'Azerbaïdjan.

Dans la brochure de l'Azerbaïdjan, ces populations sont divisées en :

1° Les Slaves;	4° Les Roumains, les Français, les Italiens;
2° Les Lithuaniens;	5° Les Grecs;
3° Les Allemands;	6° Les Esthoniens.

Les Slaves sont subdivisés en : a) les Russes; b) les Polonais; c) les Tchèques.

« L'Annuaire du Caucase » groupe toutes ces diverses nationalités en trois catégories mentionnées dans le tableau intitulé : « Superficie et Population du Caucase ». Ces catégories sont : les Russes, dans lesquels sont comptés les Ukrainiens; les Grecs, dans le groupe des « Différentes Populations Asiatiques Chrétiennes » et toutes les autres nationalités dans le groupe « Autres populations Européennes ».

Nous avons déjà tenu compte du nombre des Grecs indiqué par « l'Annuaire du Caucase » dans les chiffres que nous avons donnés en même temps que pour les Aïssoriens.

D'après la brochure de la Délégation de l'Azerbaïdjan, il y a en Transcaucasie :

588.700 Russes en comptant les Ukrainiens, tandis que « l'Annuaire du Caucase » de 1917 indique ce chiffre comme étant de 608.396 pour les Russes (voir Annexe N° 3).

Cette même brochure indique que les Polonais, les Lithuaniens, Allemands, Roumains, Français, Italiens et Esthoniens sont, en Transcaucasie, au nombre de 54.210, tandis que « l'Annuaire du Caucase » de 1917 indique 72.558 (voir Annexe N° 3).

Nous constatons donc là encore dans la brochure de la Délégation de l'Azerbaïdjan, en comparant les chiffres fournis avec ceux de « l'Annuaire du Caucase », que le **nombre des Russes et des Ukrainiens a été diminué de 219.696, et celui des autres Européens de 18.348.**

$$\ast \quad \ast \quad \ast$$

Comme conclusion, la Délégation de l'Azerbaïdjan a joint à sa brochure un tableau intitulé « Tableau comparatif du nombre des habitants par nationalités », dans lequel les populations de la Transcaucasie sont portées en quatre groupes :

1° Les Musulmans;
2° Les Arméniens;
3° Les Géorgiens;
4° Les Divers.

Si nous constituons un tableau identique en prenant pour base les indications officielles fournies par « l'Annuaire du Caucase » de l'année 1917 (voir Annexe N° 4) et si nous le comparons avec les chiffres donnés dans le tableau de la brochure, nous relevons donc que :

1° **Le nombre des Musulmans a été augmenté de 884.906;**

2° **Celui des Arméniens a été diminué de 344.101;**

3° **Le nombre des Géorgiens chrétiens a été augmenté de 33.292;**

4° **Celui des « Divers » a été diminué de 393.943.**

Comme conséquence de ces différences importantes, le pourcentage des différentes populations a, de même, été faussé.

C'est ainsi que :

Les Musulmans, en Transcaucasie, ne représentent pas le 52,04 °/₀ de la population totale, mais seulement le 42,02 °/₀.

Les Arméniens ne représentent pas le 18,14 °/₀, mais le 22,92 °/₀.

Les Géorgiens chrétiens représentent 20.89 °/₀ et les « Divers » représentent réellement le 14,17 °/₀, et non pas le 6,74 °/₀.

Les Turco-Tartares proprement dits, c'est-à-dire les Tartares de l'Azerbaïdjan, les Turcs, les Turkmens et les Karapapakhs, représentent le 27,58 °/₀ de toute la population de la Transcaucasie.

Les trois nationalités de la Transcaucasie qui ont déclaré leur indépendance, représentent donc :

> Les Turco-Tartares   le 27,58 °/₀.
> Les Arméniens   le 22,92 °/₀.
> Les Géorgiens chrétiens le 20,89 °/₀.

de toute la population de la Transcaucasie.

L'Annexe 4 contient les renseignements au sujet des populations de toute la Transcaucasie, c'est-à-dire de tous les Gouvernements, provinces et districts qui la composent administrativement.

Ces renseignements présenteraient un intérêt pratique si les trois Républiques de Transcaucasie songeaient à se partager le territoire de ce pays. En réalité, presque toute la superficie du Daghestan et des Gouvernements de la mer Noire n'est pas convoitée par ces Républiques.

La République de l'Azerbaïdjan ne revendique que trois des districts du Daghestan sur les neuf dont il est composé, et la République Géorgienne ne vise que la possession du seul district de Sotchi, soit une petite partie seulement du Gouvernement de la mer Noire.

L'Annexe N° 5 donne le chiffre des populations de la Transcaucasie, sans tenir compte de ces parties de la province du Daghestan et du Gouvernement de la mer Noire, non convoitées par les Républiques de la Transcaucasie, de même que le pourcentage de chaque population par rapport au chiffre total des habitants dans ces mêmes limites.

En consultant cette même Annexe N° 5, nous remarquons que sur la partie du territoire de la Transcaucasie que nous examinons, les Arméniens représentent le 24,6 °/₀ de toute la population, les Géorgiens chrétiens le 22,5 °/₀ avec les Géorgiens musulmans le 24,4 °/₀, les Turco-Tartares (Tartares de l'Azerbaïdjan, Turcs, Karapapakhs, Turkomans) le 28,4 °/₀ et que les Chrétiens représentent le 58 °/₀, les Mahométans le 39,6 °/₀ et les Juifs, les Tziganes et Yésides le 2,38 °/₀.

Annexe N° 1.

TABLEAU COMPARATIF

de la classification ethnographique des populations du Caucase, d'après la brochure de la Délégation de la République
de l'Azerbaïdjan brochure intitulée " Composition Anthropologique et Ethnique
de la population de l'Azerbaïdjan du Caucase ") et " l'Annuaire du Caucase " de l'année 1917.

SUIVANT LA BROCHURE DE LA DÉLÉGATION DE L'AZERBAÏDJAN		SUIVANT L'ANNUAIRE DU CAUCASE ÉDITION 1917
A. Les Indigènes Caucasiens.	I. Parlant le dialecte Turco-Tatare. . . { (a) Tartares de l'Azerbaïdjan . (b) Turcs. (c) Turcomans. (d) Karapakhs.	" Diverses pop. asiatiques " subdivisées en : Musulmans Chïïtes et Sunnites.
	II. Arméniens.	" Arméniens ".
	III. Parlant les langues Ayrennes. . . . { (a) Persans. (b) Tates. (c) Talichins. (d) Kurdes.	" Diverses pop. asiatiques " subdivisées en : Musulmans Chïïtes et Sunnites " Kurdes ", subdivisés en : Kurdes Musulmans et Yésidis.
	IV. Tziganes.	" Tziganes ".
	V. Juifs.	" Juifs ".
	VI. Les Aïssores	" Diverses pop. asiatiques " Chrétiens.
B. Les Aborigènes du Caucase.	I. Partie méridionale du Caucase. . . { (a) Géorgiens. (b) Adjears. (c) Lazes.	" Kartvels ", subdivisés en : Musulmans et Chrétiens.
	II. Les Aborigènes de la partie septentrionale du Caucase	
	III. La partie Est ou Tchetcheno-Daghestanienne . { (a) Tchetchennes. (a) Avares. (b) Darghiniens. (c) Lakes. (d) Kuriniens. (e) Tabassaraniens. (f) Agoules. (g) Routoules. (h) Tsahours. (i) Oudines. (k) Artchines. (l) Kinalouks. Djeeks, Boudouks. Capoutlines. (m) Andiens. (n) Didoilles.	" Montagnards du Caucase " subdivisés en : Musulmans et autres religions.

SUIVANT LA BROCHURE DE LA DÉLÉGATION DE L'AZERBAIDJAN	SUIVANT L'ANNUAIRE DU CAUCASE ÉDITION 1917
I. Les Slaves . . . . (a) Russes. (b) Polonais. (c) Tcheques.	" Russes ".
II. Les Lithuaniens.	" Autres pop. Européennes ".
III. Les Allemands.	
IV. Les Roumains, les Français et les Italiens.	
V. Les Grecs.	" Diverses Populations asiatiques " Chrétiens.
VI. Les Esthoniens.	" Autres pop. Européennes ".

LES MUSULMANS EN TRANSCAUCASIE

DÉNOMINATION des GOUVERNEMENTS, PROVINCES, DISTRICTS	NOMBRE D'HABITANTS				
	TURCO-TATARES PERSANS, TATES, TALICHINS	KURDES, MUSULMANS	KARTVEL (GÉORGIENS-MUSULMANS	MONTAGNARDS DU CAUCASE MUSULMANS	TOTAL
Gouvernement de Bakou.	692.574			49.283	741.857
La Ville de Bakou avec ses banlieues. . . .	182.828	501	5.632	9.430	198.391
Province de Batoum.	15.056	552	70.241	471	86.320
Province du Daghestan	107.592	---	179	545 613	653.384
Gouvernement d'Elisavetpol.	783.065	3.802	287	10 726	797.880
District de Zakatali. .	43.356	—		41.780	85.136
Province de Kars . .	102.860	54.931	5	1.013	158.809
Gouvernement de Koutaïs.	249	—	481	32	762
District de Soukoum.	2.609	—	956	190	3.755
Gouvernement de Titlis	106.499	5.932	61.679	4.131	178.241
Gouvernement de la Mer Noire.	1.639	—	—	4.045	5.684
Gouvernement d'Erivan.	373.582	36.508	—	59	410.149
	2.411.909	102.226	139.460	666.773	3.320.368

NOMBRE D'HABITANTS
APPARTENANT AU GROUPE " DIVERS " EN TRANSCAUCASIE

DÉNOMINATION des GOUVERNEMENTS, PROVINCES, DISTRICTS	KURDES YÉZIDES	TZIGANES	JUIFS	DIVERSES POPULATIONS ASIATIQUES	RUSSES	POPULATIONS EUROPÉENNES	MONTAGNARDS DU CAUCASE DU NORD	TOTAL
Gouvernement de Bakou	»	»	17.561	91	72.635	89	492	90.868
La ville de Bakou av. ses banlieues	191	239	7.650	4.773	104.599	7.522	1.956	126.930
Province de Batoum	»	165	607	2.244	8.545	975	185	12.721
Province du Daghestan	»	»	18.828	785	36.123	987	1	56.724
Gouvernement d'Elisavetpol	»	39	2.112	10.866	36.777	7.415	440	57.649
District de Zakatali	»	»	3	16	326	23	»	368
Province de Kars	39.465	38.279	101	20.241	19.198	796	20	118.100
Gouvernement de Koutaïs	»	»	17.796	1.450	15.885	982	»	36.113
District de Soukhoum	»	»	250	103.164	25.475	6.648	209	135.746
Gouvernement de Tiflis	1.697	1.120	19.244	55.970	152.809	24.903	43.620	302.363
Gouvernement de la Mer Noire	»	12	1.793	5.339	119.921	21.353	59	148.477
Gouvernement d'Erivan	12.624	693	570	3.249	16.103	865	»	34.104
	56.977	40.547	86.515	208.188	608.396	72.558	46.982	1.120.163

NOMBRE D'HABITANTS EN TRANSCAUCASIE

DÉNOMINATION des GOUVERNEMENTS, PROVINCES et DISTRICTS	NOMBRE D'HABITANTS				
	MUSULMANS	ARMÉNIENS	GÉORGIENS	DIVERS	TOTAL
Gouvernement de Bakou	741.857	42.921	30	90.868	875.676
La ville de Bakou avec ses banlieues.	198.391	77.166	3.342	126.930	405.829
Province de Batoum . .	86.320	15.182	8.598	12.721	122.821
Province du Daghestan .	653.384	4.752	»	56.724	714.860
Gouvernement d'Elisa-vetpol.	797.880	418.859	743	57.649	1.275.131
District de Zakatali. . .	85.136	2.530	4.664	368	92 698
Province de Kars . . .	158.809	123.170	4.226	118.100	404.305
Gouvernement de Kou-taïs	762	4.605	992.931	36.113	1.034.411
District de Soukhoum .	3.755	20.743	49.427	135.746	209.671
Gouvernement de Tiflis.	178.241	411.747	580.957	302.363	1.473.308
Gouvernement de la Mer Noire	5.684	18.059	6.086	148.477	178.306
Gouvernement d'Erivan.	410.149	669.871	374	34.104	1.114.498
	3.320.368	1.809.605	1.651.378	1.120.163	7.901.514
	42.02 %	22.92 %	20.89 %	14 17 %	

NOMBRE DES HABITANT

y compris certaines régions de la Province du Daghestan e

l'Azerbaïdja

DÉNOMINATION des GOUVERNEMENTS, PROVINCES, DISTRICTS	ARMÉNIENS	GÉORGIENS CHRÉTIENS	GÉORGIENS MUSULMANS
Gouvernement de Bakou.	42.921	30	.
La ville de Bakou avec ses banlieues	77.166	3.342	5.632
Province de Batoum	15.182	8.598	70 241
Une partie de la province du Daghestan	2.651	—	—
Gouvernement d'Élisavetpol. . .	418.859	743	287
District de Zakatali.	2.530	4.664	—
Province de Kars.	123.170	4.226	5
Gouvernement de Koutaïs. . . .	4.605	992.931	481
District de Soukhoum.	20.743	49.427	956
Gouvernement de Tiflis.	411 747	580.957	61.679
Une partie du Gouvernement de la Mer Noire.	14.111	6.086	—
Gouvernement d'Erivan.	669.871	374	—
	1.803.556	1.651.378	139.281
	24.6 %,	22.5 ,,	1.9 %

* *Dont 2.084.740 Turco-Tartares.*

du Gouvernement de la Mer Noire revendiquées par
et la Géorgie

TURCO-TATARES TATES, PERSANS, TALICHINS	KURDES MUSULMANS	MONTAGNARDS DU CAUCASE MUSULMANS	DIVERS	NOMBRE TOTAL.
692.574	--	49.283	90.868	875.676
182.828	501	9.430	126.930	405.829
15.056	552	471	12.721	122.821
13.177	—	229.605	21.543	266.976
783.065	3.802	10.726	57.649	1.275.131
43.356	—	41.780	368	92.698
102.860	54.931	1.013	118.100	404.305
249	—	32	36.113	1.034.411
2.609	—	190	135.746	209.671
106.499	5.932	4.131	302.363	1.473.308
734	—	754	41.235	62.920
373.582	36.508	59	34.104	1.114.498
2.316.589 *) 2 084 740 28,4 °/₀	102.226 1,4 °/₀	347.474 4.7 °/₀	977.740 13.30 °/₀	7.338.244

IMP. VERADZENOUNT

16, BOUL. SAINT-DENIS

— PARIS —